DE L'ÉTAT

AU REGARD

DES ERREURS JUDICIAIRES

PAR

ÉMILE WORMS

PROFESSEUR A L'ÉCOLE DE DROIT DE RENNES
CORRESPONDANT DE L'INSTITUT

DÉPOT LÉGAL
Loiret
N° 132
1884

PARIS

LIBRAIRIE GUILLAUMIN ET Cⁱᵉ, ÉDITEURS

1884

DE L'ÉTAT

AU REGARD

DES ERREURS JUDICIAIRES

PAR

ÉMILE WORMS

PROFESSEUR A L'ÉCOLE DE DROIT DE RENNES
CORRESPONDANT DE L'INSTITUT

PARIS

LIBRAIRIE GUILLAUMIN ET Cie, ÉDITEURS

1884

EXTRAIT DU COMPTE-RENDU
De l'Académie des Sciences morales et politiques
(INSTITUT DE FRANCE)
Par M. Ch. VERGÉ,
Sous la direction de M. le Secrétaire perpétuel de l'Académie.

DE L'ÉTAT

AU REGARD DES ERREURS JUDICIAIRES

Dans le domaine social et politique il existe des questions comme celle, par exemple, de la peine de mort ou de l'autonomie communale qui opposent à l'examen des savants, en même temps que les difficultés inhérentes à tout problème délicat, celles résultant de l'engouement populaire en faveur d'une solution déterminée et les placent pour ainsi dire dans la condition du nageur obligé parfois, pour atteindre son but, de remonter un courant des plus impétueux. Parmi ces courants s'en trouvent de si honorables pour la nature humaine et provoqués par une sympathie si légitime pour des malheurs immérités, que pour ne pas soi-même s'y jeter à corps perdu, il faut avoir pris de longue main l'habitude de se gouverner ou de donner à la passion du vrai et du juste, selon la science, le pas sur toutes les autres passions.

Voilà un homme d'un passé irréprochable sur lequel des circonstances fortuites, conjurées en quelque sorte pour sa perte font peser les soupçons les plus graves ; ni ses antécédents, ni ses protestations ne parviennent à triompher d'une prévention que le hasard à échaffaudée ; il est violemment, quoique légalement arraché à son milieu et à sa famille ; à la suite de débats dans lesquels la détention préventive a peut-être enlevé au développement des moyens de défense l'ampleur désirable, le soupçon s'est converti en certitude pour le juge, et la détention préventive, en condamnation définitive, achevant ce que la première intervention de la justice a si bien commencé, et consacrant irrémédiablement la ruine, le désespoir et le déshonneur du condamné comme de tous les siens. Ce n'est que longtemps après l'exécution de la peine qui peut avoir été même la peine capitale ou longtemps après que la peine, telle que celle de la réclusion, de la transportation est entrée dans la période d'exécution, que la vérité se fait jour, que l'erreur et l'innocence sont proclamées, que la mémoire du condamné mort est réhabilitée, que les portes de la prison ou du bagne s'ouvrent devant le condamné encore vivant ! Quel est l'homme du peuple ou l'homme de science qui demeurerait impassible devant un pareil spectacle ? qui ne frémirait pas au souvenir de tout ce cortège de honte, de misères, de tortures, traîné derrière elle par cette fatale méprise judiciaire ? Qui ne se demanderait, tout au moins, si une si grande infortune, ayant été imposée par la société dans sa volonté toute puissante, celle-ci peut, après avoir confessé son erreur, s'en laver les mains sans avoir seulement des regrets à exprimer ? Ah ! certes, si la condamnation a été motivée par de faux témoignages, un recours pénal et même civil sera ouvert contre les imposteurs qui, toutefois, ne seront peut-être pas à même de désintéresser la victime ou ses ayants cause, si tant est seulement que pour ceux-ci il puisse être question encore d'être désintéressés jamais ! Et sans doute encore, si les juges eux-mêmes pouvaient être taxés de mauvaise foi ou de prévarication, c'est sur leur tête que pourrait retomber la responsabilité de leur inique sentence ! Seulement, en dehors de cette dernière hypothèse, où le juge fait positivement son affaire propre, il n'est, quand sa sincérité ne saurait être mise en doute, que le mandataire de la société, et accrédité par elle pour rendre la justice en son nom, c'est elle seule en tout cas, qu'il pourrait engager. Il va sans dire que, de toute manière, il ne peut s'agir pour la société que d'encourir le cas échéant, du chef du justicier, par elle délégué, qu'une responsabilité purement civile à l'effet de réparer, moyennant finances, les dommages réparables. Mais une action, même civile, devrait-elle être accordée contre l'État, voilà le point précis que nous nous sommes proposé d'examiner.

Or, dès qu'on aborde ce sujet, on est impressionné tout de suite par la multiplicité des espèces, dans lesquelles un recours contre l'État peut être agité. Un mandat d'amener est décerné, suivi de l'arrestation de l'inculpé qui se prolonge jusqu'au jour peut-être éloigné où le juge d'instruction, reconnaissant qu'il a fait fausse route, rend une ordonnance de non-lieu. Une arrestation d'une certaine durée a lieu, ou même une simple poursuite devant une juridiction répressive à la requête du ministère public, et cette détention ou cette poursuite aboutit à un jugement qui acquitte le prévenu. Il ne nous convient pas d'ailleurs soit dit ici en passant, de distinguer — comme on semble parfois enclin à le faire — entre le jugement qui acquitte faute de preuves suffisantes, et le jugement qui acquitte le prévenu trouvé innocent, parce que le prévenu, non convaincu du délit ou du crime pour lequel il a été traduit en justice, doit légalement bénéficier de la présomption de non culpabilité. Enfin, pour continuer et achever l'énumération entreprise, la détention ou la poursuite d'un citoyen se dénoue par une condamnation qui, après avoir sorti totalement ou partiellement ses effets, apparaît à la suite d'une procédure spéciale, organisée par la loi, comme dénuée de tout fondement, les juges ayant versé ou ayant été induits dans une erreur lamentable, ou bien — ce qui ne saurait non plus, tant s'en faut même, ne pas réagir contre le pouvoir social délégant — ayant commis cette erreur méchamment et avec préméditation.

Eh bien, nous le demandons, est-ce que dans toutes ces

circonstances un tort considérable n'a pas été causé à un de nos semblables ? Nous voulons bien que ce tort soit plus marqué, quand c'est une condamnation qui est intervenue que quand c'est un acquittement ou une ordonnance de non-lieu. Mais qui donc oserait compter pour rien ce déchaînement de l'opinion publique contre celui sur lequel s'est abattu le bras pesant de la justice, dont les organes sont tenus à tant de réserve, les humiliations et souffrances du détenu, la suspension de son activité professionnelle, les angoisses de l'attente et ce soupçon injurieux qui, même lorsque l'épée de Damoclès est enlevée, suit dans toute sa carrière l'individu renvoyé cependant des fins de la plainte et comme souillé à tout jamais par les incriminations dont il a été l'objet ou par le contact du banc d'infamie sur lequel on l'a contraint de s'asseoir ? Une sélection parmi ces cas similaires, pour imposer à l'État un dédommagement dans l'un d'eux en l'en affranchissant dans les autres, paraît donc une entreprise scabreuse et arbitraire. Si la prétention à une indemnité, de la part des victimes d'erreurs judiciaires, est dénuée de fondement, elle doit être rejetée sur toute la ligne ; mais si au contraire elle est défendable, si elle peut être élevée à la hauteur d'un principe, l'application de ce principe ne comporte guère de triage, d'expédient, de cote mal taillée, de demi-mesure, et il serait pour le moins singulier, que la campagne menée au nom de la *justice* ne valût aux intérêts en péril qu'une satisfaction trop limitée pour n'être pas dérisoire, tournât à l'inégalité de traitement entre situations à peu près identiques, et fît dès lors crier elle-même à l'*injustice*.

La conception d'où part le mouvement législatif, auquel nous assistons en ce moment, est sublime. Elle honore au plus haut point la civilisation moderne et notre civilisation française, en montrant dans quelles sphères radieuses celles-ci sont insensiblement parvenues à se mouvoir, à quel point dans l'ordre moral les scrupules d'équité y sont poussés jusqu'au raffinement, quelle place de plus en plus considérable y tient et quels égards de plus en plus grands y rencontre la personnalité humaine. Car cette conception ne revient à rien moins qu'à vouloir proscrire, ou tout au moins redresser au sein des hommes, en même temps que tout le mal qu'ils peuvent faire eux-mêmes, celui que les pouvoirs publics pourraient causer de leur côté en haine de ce mal. Mais dans un tel ordre d'idées, qui tend à transformer la terre en un paradis, il faudrait avoir le courage de son opinion, se laisser aller résolument où vous conduisent le cœur et l'imagination, si tant est que la raison soit avec eux, et ne pas s'exposer à ce qu'on vous rappelle comme dans la comédie, qu'une porte doit être fermée ou ouverte. Ce n'est pas qu'un peu d'hésitation ne soit ici, sinon excusable, au moins compréhensible, car nous avons voulu savoir ce qu'il en pourrait coûter à la société, à ce que la porte des revendications soit franchement et largement ouverte. Nous avons donc interrogé la statistique et voici ce qu'elle nous a répondu dans des tableaux présentés, en 1882, pour de longues périodes rétrospectives, par le Garde des Sceaux au chef de l'État sur la justice française. Pour plus de simplicité, nous n'y dégageons que les moyennes relatives à la période de 1876 à 1880, qui est la plus voisine de nous et par laquelle nous nous trouvons initiés à l'état de choses auquel il pourrait s'agir d'apporter remède. Or un tableau spécial aux cours d'assises et indiquant entre autres le résultat général des poursuites, nous apprend que de 1876 à 1880 sur 4,374 individus impliqués dans 3,446 affaires criminelles, jugées contradictoirement, 955 accusés ont été acquittés en moyenne. Un autre tableau concernant le labeur accompli par les tribunaux correctionnels, relate pour la même période l'acquittement moyen de 10,578 prévenus sur 196,483 jugés par eux à la requête soit d'une partie civile, soit d'une administration ou d'un établissement public, soit du ministère public. Un tableau, qui nous a paru présenter aussi un intérêt considérable est celui où nous avons appris que parmi les individus déchargés des poursuites ou acquittés, de 1876 à 1880, 8,373 avaient subi une détention préventive de moins d'un mois. qui s'était prolongée de 1 à 2 mois pour 1,041 autres et de 2 à 3 mois pour 415 autres encore, en dépassant les 3 mois dans 497 autres cas. Sur ces 10,326 détenus préventivement, 7,176 avaient été déchargés des poursuites par des ordonnances de non-lieu et 107 par des arrêts de non-lieu, tandis que pour 2,113 la détention préventive prenait fin par un acquittement prononcé en police correctionnelle et pour 913 par un acquittement prononcé en cours d'assises.

Nous ne prendrons pas congé d'ailleurs des relevés minutieux et instructifs de la Chancellerie sans nous arrêter un instant à une dernière planche, en quelque sorte synoptique, présentant les nombres moyens annuels de 1876 à 1880, des crimes et délits les plus graves qui ont été suivis du jugement de leurs auteurs ou abandonnés, après examen par les parquets et les juges d'instruction. Figurent parmi les infractions dénombrées l'abus de confiance, l'adultère, l'assassinat, l'avortement, la rupture des bans de surveillance, la banqueroute, la concussion et corruption, les coups et blessures, la dévastation de plants et d'arbres, l'empoisonnement, l'escroquerie, l'exposition et suppression d'enfant, la fabrication et émission de fausse monnaie, les faux divers, le faux témoignage, les incendies, l'infanticide, les menaces, la mendicité, le meurtre, les outrages envers les fonctionnaires, l'outrage public à la pudeur, le parricide, les crimes et délits politiques, la rebellion, le vagabondage, le viol et l'attentat à la pudeur, les vols, les autres faits divers, morts accidentelles, etc., enfin toute l'encyclopédie pour ainsi dire de la criminalité. En courant tout de suite aux totaux afin de faire grâce des chiffres, afférant respectivement à chaque incrimination, nous voyons pour notre période en moyenne 145,968 cas jugés contre 194,740 impoursuivis. Quant à l'abandon des poursuites, il est motivé sur ce que dans 89,721 cas, les faits ne constituaient ni crimes ni délits, dans 20,547 les faits étaient sans aucune gravité, dans 7,401 les charges étaient insuffisantes contre les auteurs désignés, dans 48,761 les auteurs sont restés inconnus, et pour les 28,310 cas restants, sur des causes diverses, telles que défaut de preuves de l'existence même du délit, âge, aliénation mentale de l'inculpé, transaction avec l'administration poursuivante, etc.

En voilà assez assurément pour suggérer le goût des distinctions, si peu fondées qu'elles puissent être, mais aussi pour faire apparaître toute l'étendue de la responsabilité de l'État, au cas où cette responsabilité ne serait pas admise seulement à l'effet de voiler un escamotage. Les charges du Trésor pourraient s'en trouver accrues à tel point, qu'il ne resterait peut-être bientôt à l'État d'autre alternative, que de se dérober à ses obligations pécuniaires ou bien à la haute mission de distribuer la justice. L'État ne fait en effet face aux prestations qui lui incombent qu'avec les ressources des contribuables, et ceux-ci pourraient bien finir par vouloir se passer de la justice plutôt que de subir une justice qui ne les protégerait qu'en les ruinant. En se défendant eux-mêmes qui sait s'ils ne s'en tireraient peut-être encore à meilleur compte !

Ne pourrait-on même pas penser, la logique seule prévalant, qu'il y eut à demander compte à l'État de toutes les décisions mauvaises, quoique définitives, rendues par les tribunaux en matière *civile* ou *commerciale*. Ces décisions ont tout au moins pour résultat généralement, si même elles s'en contentent, d'atteindre un des plaideurs dans ses intérêts matériels, dans sa fortune, et parfois elle en font, du jour au lendemain, un véritable paria, fondé de temps à autre à faire remonter sa misère actuelle à la méconnaissance, par ses juges, des faits de la cause ou des lois qui les dominent. Est-il besoin de citer au hasard des instances judiciaires relatives à des questions de prescriptions immobilières, d'adoption, de séparation de corps, de sociétés, de faillites, etc., où l'argent n'est même pas toujours le seul, ni le principal intérêt en jeu ? Ce n'est pas apparemment, par ce que la société n'est pas directement en cause dans des litiges, qui sont soumis aux magistrats par les intéressés, qu'elle pourrait décliner après coup toute responsabilité au regard de sentences dans lesquelles elle a pris parti entre des prétentions adverses, dont aucune ne peut s'imposer que par sa sanction. Sans doute les solutions judiciaires, intervenues dans certaines conditions, bénéficient de l'irrévocabilité attachée à la chose jugée, et l'on n'a pas imaginé d'organiser, à l'encontre des jugements civils ou commerciaux définitifs, une révision comme celle qui, en matière pénale, a été inscrite chez nous dans la loi du 29 juin 1867. Mais parce que la chose jugée doit-être considérée comme la vérité, elle ne l'est pas nécessairement, ainsi que tendraient déjà à le prouver les nombreuses variations de la jurisprudence ; et si un intérêt social très respectable a fait admettre cette présomption, on comprendrait cependant fort bien que la victime d'une erreur dommageable, commise par les juges en droit ou en fait, fût autorisée à en argumenter, encore qu'elle fût passée en force de chose jugée, et à s'en prévaloir, non pas contre son adversaire, bénéficiaire irrévocable de la décision obtenue, mais contre l'État, tenu de réparer.

Mais en consentant nous-même à restreindre à la sphère criminelle un débat qui, comme on voit, pourrait-être encore singulièrement agrandi, nous ne pouvons dissimuler aux partisans de la responsabilité de l'État, qu'ils ne se heurtent pas uniquement à la difficulté terrifiante, résultant de la surface incommensurable de cette responsabilité. Le législateur pourrait bien encore, en entrant dans la voie où on

le pousse, préciser les circonstances dans lesquelles l'État
sera tenu. Mais cette détermination une fois faite, sans pré-
vision possible bien entendu du nombre de cas, où ces circonstances se trouveront réalisées, il faudra bien aussi
se mettre d'accord sur la juridiction, qui connaîtra des con-
testations possibles. Car il ne peut-être question ici d'une
indemnité fixe et immuable, comme celle qu'allouerait par
exemple l'administration des Postes ou des Chemins de fer
en cas de perte d'un colis. Et si le particulier lésé ne se
contente pas de l'offre qui lui est faite au nom de l'État, des
juges seront indispensables. Quels seront ces juges, dont
les condamnations pourront constamment venir troubler
l'equilibre budgétaire ? On en trouvera toujours, mais il
leur faut présenter des garanties suffisantes. Devra-t-on
s'adresser aux tribunaux ou juridictions desquels émanent
les jugements ou arrêts de condamnation erronée, et où
l'on pourra bien rencontrer soit d'autres titulaires, soit de
regrettables préventions contre le plaignant ? Devra-t-on
au contraire porter les réclamations d'indemnités devant
les tribunaux ou juridictions, chargés par la Cour de cassation de réviser des décisions suspectes, antérieurement
rendues ; ou bien la Cour de cassation connaîtra-t-elle elle-
même de ces réclamations, quand elle devra elle-même
pourvoir à la révision, sans renvoi possible, soit parce que
le condamné serait par exemple décédé ou coutumax, soit
parce qu'il aurait été jugé pour avoir donné la mort à une
personne, sur l'existence de laquelle existeraient mainte-
nant des indices suffisants ? Et si les tribunaux correctionnels ou Cours d'appel ont non pas condamné mais
acquitté un prévenu, après toutefois que celui-ci aura été
soumis à un emprisonnement préventif plus ou moins
long, ne sont-ce pas ces Tribunaux et ces Cours, qui acces-
soirement à l'acquittement ou par voie principale appré-
cieront le montant du préjudice souffert ? Où enfin porter
le débat contradictoire lorsque ce préjudice sera l'œuvre

**

d'un juge d'instruction qui, seul maître de son instruction comme le capitaine de navire l'est à son bord, l'aurait inaugurée par une arrestation et terminée longtemps après par une ordonnance de non-lieu ?

Voilà des questions auxquelles nous ne nous soucierions guère d'être chargé de répondre pas plus d'ailleurs qu'à celles qui se posent après fixation des causes de responsabilité et celle des juridictions compétentes. Quelle base servira aux juges désignés pour l'évaluation du préjudice ? On découvrira peut-être un élément uniforme dans l'amour supposé égal chez tous de leur liberté et de leur dignité compromises; mais si dans l'ordre moral il peut y avoir à la rigueur, avec un peu de complaisance, identité de mesure, il n'en sera plus de même, quand il s'agira d'arbitrer le dommage matériel infligé à un de nos concitoyens et aussi aux siens par une captivité ou une condamnation imméritée, dommage variable avec la profession exercée, l'âge, le milieu, les hazards heureux ou malheureux de la vie libre, avec une infinité de circonstances et d'hypothèses sujettes à affirmation et dénégation, avec la santé qui peut aller en déclinant jusqu'à la mort, laquelle, si elle survient au temps de la captivité pourrait, à tort ou à raison, être attribuée à la captivité elle-même, comme une de ses conséquences morales ou physiques. Comment, sur un terrain aussi mouvant bâtir des décisions qui pour peu qu'elles se multiplient, n'offrent pas le spectacle de la contradiction et ne donnent pas prise aux protestations les plus énergiques ?

Et puisque tout à l'heure la mort survenue au cours de la détention préventive ou de l'exécution de la peine venait se placer sous notre plume comme un chef possible de réclamation, n'oublions pas que ce même événement ou cette même hypothèse soulève la question non moins embarassante que les précédentes de savoir qui, en cas de décès de la victime de l'erreur, aurait qualité pour poursuivre une réparation pécuniaire dans le délai où pareille demande pourrait se produire sans tomber sous le coup d'une prescription spéciale ?

Toutefois il ne serait peut-être pas généreux de chercher à retarder par des obstacles de forme le triomphe d'une thèse qui paraîtrait acceptable au fond. Or, il y a une considération puissante qui semble tout d'abord plaider en sa faveur. On a toujours disputé et on disputera longtemps encore sur le rôle incombant à l'État et que les uns tendent à agrandir outre mesure tandis que d'autres s'efforcent de le renfermer dans les limites les plus étroites. Mais ce qui n'a été contesté à l'État d'aucun côté, c'est le devoir d'assurer la sécurité des citoyens. Encore que l'État n'eut pas à assumer toutes les tâches d'intérêt général qui dépasseraient les moyens des efforts particuliers même coalisés, il en est une que les volontés et des besoins unanimes lui imposent : c'est la tâche de préserver les individus de tout dommage, qu'ils ne se seraient pas attiré par leur propre faute. Nous n'acceptons le lien social, qui nous enlace dès notre naissance, ou nous ne concourons à sa formation dans les sociétés nouvelles qu'en vue de cet avantage minimum, seul capable d'amener les hommes aux sacrifices d'argent, d'indépendance et d'autonomie, qui leur sont habituels quand ils vivent en commun.

Que si ces sacrifices, souvent très pénibles, sont le prix dont ils payent la sécurité à laquelle leur conduite irréprochable, leur attitude correcte leur donneraient droit, comment l'État, institué dispensateur de cette sécurité, pour laquelle il est salarié et dont il est garant, pourrait-il la troubler impunément lui-même par des motifs, reconnus sans fondement ? Comment la collectivité qui manquerait à la première et à la plus certaine de ses missions échapperait-elle, sous la seule forme admissible pour elle de la réparation civile, à la responsabilité, compagne inséparable de tout manquement à un devoir, à une obligation ?

Inventée pour faire jouir en paix les individus de leurs œuvres, accomplies suivant la loi, la société viendrait troubler dans cette paix promise et chèrement achetée des gens immaculés ou qu'on ne pourrait convaincre en fin de compte d'aucun écart, et elle pourrait, après avoir semé la ruine, la souffrance, la désolation, la méfiance sur son passage, se retirer en balbutiant: « pardon, je me suis trompée » ou en menaçant même : « prenez garde de ne plus donner lieu à suspicion, de ne plus prêter à de fausses apparences » ! N'y a-t-il donc pas entre la société et ses membres comme un véritable contrat synallagmatique basé sur des sacrifices et des services réciproques, dans lequel si la société peut réclamer de l'individu le respect de la loi, l'individu peut prétendre aux avantages découlant de ce respect, et au cas où il en aurait été privé, conclure soit à la résolution du contrat, soit ce qui est plus pratique à des dommages-intérêts ?

Si séduisante, si spécieuse que soit cette argumentation, imaginée et présentée par nous avec une réelle complaisance, on y aura sans doute découvert déjà un côté vulnérable. Elle s'inspire évidemment d'une société idéale ou plutôt elle ne tient pas assez compte de la fragilité des sociétés humaines, dont nous faisons partie. L'argumentation ne serait pas sans valeur, si dans les sociétés au milieu desquelles nous vivons, le sens de ses mandataires était assez affiné, pour qu'une erreur de leur part fût difficile, presque impossible et équivalût à une faute. Mais telle n'est pas malheureusement la condition des sociétés terrestres, desservies nécessairement par des hommes, chez lesquels se retrouvent les faiblesses, les préjugés, les passions, les insuffisances, qui caractérisent tous leurs semblables. Pas plus que ces derniers ils ne sont, malgré la haute mission de confiance, dont ils sont investis, exempts d'illusions et d'erreurs, sans que leur bonne foi ou leur bonne volonté puisse être nécessairement mise en cause du même coup.

Et dès lors tout se réduit à savoir si, à cause de certaines erreurs possibles comme inhérentes à la nature humaine, il faut dessaisir l'État non-seulement de la confection des lois mais encore du droit d'en procurer l'observance. Quant à ceux, que ne charme pas la perspective de voir les hommes retourner à l'état de nature, si tant est même qu'il y ait un état naturel, qui soit anti-social, il ne leur reste, comme au fond ils l'ont toujours fait, qu'à accepter ce mélange de bien et de mal lié à toute organisation sociale, sauf à accroître autant que possible la somme du bien et à réduire le mal à des proportions de plus en plus exigues. Le contrat qu'ils passent ou qu'ils ont souscrit avec la société l'a prise telle qu'elle est avec les garanties limitées qu'offre la clairvoyance de ses organes et pourvu que sa bonne foi ne puisse être sérieusement suspectée, ils auront obtenu d'elle ce qu'elle pouvait donner, ce qu'ils en attendaient, en envisageant ses erreurs éventuelles comme des cas fortuits, des cas de force majeure et en ne lui en demandant pas plus compte que l'art. 1382 ne permet de demander des comptes à l'auteur d'un fait même dommageable qui serait arrivé sans *sa faute.*

Rien ne pourra assurément empêcher la victime d'une de ces erreurs préjudiciables quoique souvent bien explicables de gémir tout d'abord de ce refus de recours, mais elle devra chercher sa consolation et elle la trouvera dans une fin de non recevoir identique opposée à toutes les autres victimes par l'État, dont la responsabilité réagirait contre elle-même, et ne pourrait être engagée sans compromettre la protection, plus efficace encore à laquelle elle continue à prétendre pour l'avenir.

Mais on ira demander peut-être un point d'appui pour la doctrine de la responsabilité de l'État à la législation positive de la France. Quand l'État veut exproprier quelqu'un, c'est-à-dire lui enlever son champ ou sa maison pour cause d'utilité publique, il ne le peut sans une indemnité préalable. Or, l'État ayant par hypothèse enlevé à un particulier plus qu'un bien corporel, la liberté, peut-être la vie, ne semble-t-il pas qu'il doive aussi de ce chef, au moins après coup, une indemnité, si tant est que la peine n'ait pas été juste, et que la décision injuste ne pût plus se défendre que par un intérêt de préservation publique ?

C'est là toutefois un rapprochement et un *a fortiori*, contre lequel à notre sens il faudrait aussi savoir se tenir en garde. Dans l'expropriation ordinaire pour cause d'utilité publique, l'État ne sort de son inaction que parce que cela lui convient, parce qu'il y voit présentement, tout bien considéré, un avantage pour la chose publique. Que si l'intérêt privé ne doit pas alors faire obstacle aux entreprises commandées par l'intérêt général, il n'y a pas cependant non plus de raison, pour que l'intérêt privé soit sacrifié à l'intérêt général sans une compensation correspondante et que l'État s'enrichisse aux dépens d'un particulier. Ainsi l'expropriation est volontaire, pesée, préméditée, et le renoncement demandé au propriétaire comporte des évaluations très approximatives. Les choses se présentent différemment quand un méfait a été commis. La société en a été profondément troublée ; l'agitation, l'inquiétude persisteront, tant qu'on ne pourra pas compter sur le châtiment du coupable. A partir du moment où la violation de la loi s'est répandue, un devoir s'est imposé à l'autorité, qui ne peut s'y soustraire, sans forfaire à sa mission, sans perdre sa raison d'être. Il faut qu'elle rassure les citoyens, et placée dans ces conditions, qui la poussent en avant, qui lui interdisent l'inertie sous peine de responsabilité certaine cette fois, quoi d'étonnant s'il lui arrive de s'égarer parfois, de faire fausse route avec les meilleures intentions du monde ? De la part de l'autorité aucune provocation, aucune initiative ; sur la réserve jusque là, elle a été mise en demeure par un acte compromettant pour la sécurité publique d'intervenir, afin de faire renaître la confiance, un

instant ébranlée ; mais son rôle est en somme purement
défensif, elle ne poursuit pas de visées avantageuses ; loin
de lutter pour un profit, elle veut seulement conjurer un
péril ou le retour d'un péril : *certat non de lucro captando
sed de damno vitando ;* et le retour de ce péril, c'est tout
le monde qu'elle en veut préserver. Ainsi c'est une campagne non d'enrichissement mais de préservation qu'entre-
prend ici l'autorité judiciaire ; loin de la faire spontanément
et après mûre réflexion, elle la fait comme contrainte et
forcée, sans pouvoir s'en abstenir ; et le gain, dont elle
pourrait être comptable rentre si peu dans ses plans, elle
obéit si complétement aux nécessités de sa situation et avec
un désintéressement si grand, son objectif peut être si peu
défini que souvent il serait impossible de dire, comment sa
campagne commencera et comment elle finira. Mais si sa
marche est en principe indéterminée, et si parfois elle est
lancée sur une fausse piste, le but au moins qu'elle veut
atteindre n'est pas douteux et embrasse l'universalité des
citoyens, qui enveloppés dans une préoccupation commune
de sauvegarde, se trouvent par là même ses tributaires
quant aux moyens employés. Il en est un peu ici comme
dans les compagnies d'assurances contre l'incendie, qui
sont fondées à réclamer une prime à tous les assurés, qu'ils
soient sinistrés ou non, et cette comparaison paraîtra même
tout à fait exacte après qu'on se sera dit, que les clients
d'une compagnie d'assurance ne le deviennent qu'en vue
d'un dédommagement pour les cas où un incendie dévore-
rait leur bien, tandis que les membres d'une société
humaine, qui existe déjà par la force même des choses, ne
peuvent lui demander la sécurité que dans les conditions
où elle est capable de la donner. La société n'exerçant ses
attributions que par des hommes, les justiciables ne peuvent prétendre qu'aux qualités et aptitudes des hommes,
que la loi permet d'investir des fonctions de judicature, et
de même qu'il nous faut en général supporter comme un

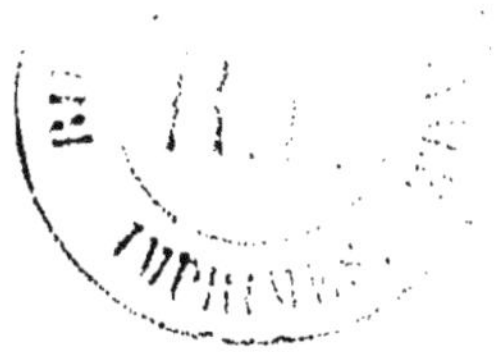

malheur toute atteinte à notre personne ou à notre fortune portée par un tiers sans qu'il en eut la conscience ou la volonté, de même il faut tenir pour indemne la société, dont les agents remplissent leur mandat sans incurie et sans déloyauté.

D'ailleurs puisque le débat a été amené sur le terrain de l'expropriation pour cause d'utilité publique, il n'est peut-être pas inutile de rappeler qu'aux termes de l'art. 51 de la loi du 3 mai 1841, qui assure à l'exproprié une indemnité préalable à la prise de possession,

« Si l'exécution des travaux doit procurer une augmentation de valeur immédiate et spéciale au restant de la propriété, cette augmentation sera prise en considération dans l'évaluation du montant de l'indemnité. »

Ce texte montre bien que pour le législateur, quand l'intérêt de l'exproprié lui-même est lié à l'opération d'intérêt public, son droit à une indemnité subit des restrictions en raison directe de l'avantage, que cette opération lui procure. Or, lorsque quelqu'un a été victime des œuvres de la justice en ce sens qu'il a eu à souffrir, dans sa liberté, non de la passion haineuse des juges mais de leur désir naturel de mettre la société à l'abri de nouveaux attentats par la poursuite ou la repression des anciens, le corps social tout en le frappant injustement a encore travaillé pour lui, car il a prouvé aux malfaiteurs véritables qu'il ne sommeillait pas et donné confiance à la victime d'un jour elle-même contre les lésions de l'avenir. A côté donc d'une injustice, si elle pouvait fournir ce que nous ne croyons pas, le principe d'une indemnité, se place le bienfait, capable de pallier les effets de ce principe, de les amortir au point de les éteindre.

Il est bien vrai que la responsabilité de la collectivité vis-à-vis des individualités lésées est également consacrée par la fameuse loi de vendémiaire an IV, déclarant dans son premier titre notamment tous citoyens habitant la même commune civilement garants des attentats commis sur le territoire de la commune soit envers les personnes soit contre les propriétés. Mais cette loi dont la donnée fondamentale a été encore recueillie dans notre dernière loi municipale de 1884 contredit-elle véritablement à l'irresponsabilité de l'État en cas de décisions judiciaires erronnées ? Nullement, car si la dispensation de la sécurité est le premier devoir de la société ou des groupes sociaux, il est certain que dans l'hypothèse de la loi de vendémiaire, le trouble apporté à la situation d'un citoyen l'a été d'une façon certaine et sans justification ni compensation d'aucune sorte. La commune est punie civilement, parce qu'elle est en faute, parce qu'elle a manqué à la plus essentielle, à la moins contestable de ses obligations, tandis que les égarements de la justice répressive attestent précisément l'accomplissement de la tâche sociale. Le manquement à la mission protectrice dévolue à la commune est même si bien le fondement de la responsabilité civile édictée contre elle en l'an IV, que le titre IV de la loi de vendémiaire, après avoir dans son article 1er rendu responsable chaque commune « des délits commis à force ouverte ou par violence sur son territoire, par des attroupements ou rassemblements armés ou non armés, soit envers les personnes, soit contre les propriétés nationales ou privées, ainsi que des dommages-intérêts auxquels ils donneront lieu », revient sur ses pas sous une certaine condition dans l'art. 5 où il est dit :

« Dans les cas où les rassemblements auraient été formés d'individus étrangers à la commune sur le territoire de laquelle les délits ont été commis *et où la commune aurait pris toutes les mesures qui étaient en son pouvoir* à l'effet de les prévenir et d'en faire connaître les auteurs, elle demeurera *déchargée de toute responsabilité.* »

La jurisprudence s'inspirant de la corrélation qui doit exister uniquement entre la culpabilité et une *faute* a d'ailleurs très sagement étendu ou appliqué cette décharge aux communes, ayant pris toutes leurs mesures pour prévenir les dommages causés sur leur territoire par des attroupements même composés d'individus qui leur appartiennent.

Ainsi le dommage a été certain et peut-être d'une gravité exceptionnelle ; il a été causé, sans que la moindre prévention existât contre la victime, et sans qu'aucune considération d'intérêt général pût servir à l'excuser ; en le laissant causer, la puissance publique qui a charge d'âmes l'a à vrai dire causé lui-même, et néanmoins elle se trouvera innocentée si elle a fait ce qui dépendait d'elle pour le prévenir. A combien plus forte raison cette puissance publique doit elle être innocentée, si elle n'a commis une erreur judiciaire au préjudice d'un seul qu'en cherchant la vérité et qu'en voulant procurer la sécurité à tous indistinctement. Une exploration dans notre droit positif ne saurait donc fournir des armes bien dangereuses à ceux qui prennent position contre l'État, envisagé comme distributeur malheureux de la justice.

Ceux-ci se prévalent cependant, parait-il de l'exemple de certaines contrées étrangères, qui auraient inscrit dans leurs législations l'obligation pour l'État de réparer autant que faire se peut les conséquences des erreurs judiciaires commises. Nous n'aurons pas la curiosité d'ouvrir à notre tour une enquête ou de contrôler celles auxquelles on a pu se livrer à cet égard. Car la vérité ne cesse pas d'être la vérité, parce qu'elle serait méconnue. Nous serions d'ailleurs assez surpris que ces exemples fussent tirés de pays républicains, et où le droit public et les institutions sociales auraient atteint un certain degré de perfection. Si l'on veut nous permettre de dire toute notre pensée, qui peut paraître paradoxale au premier abord et qui ne s'impose qu'à la réflexion, il nous semble, que c'est surtout dans les contrées autocratiquement, tyranniquement organisées

que la garantie de l'État est à sa place et doit se rencontrer. Elle y fonctionnera comme contre-poids à des abus de
toute sorte, elle y tiendra lieu des autres garanties, des
garanties de bonne justice qui y feront malheureusement
défaut. Avec une responsabilité publique, théoriquement
reconnue, on pensera donner le change sur le caractère
vexatoire, arbitraire, discrétionnaire de ce qu'on appellera
la justice, et on abusera les justiciables, pour lesquels cette
responsabilité, si elle devait être sérieusement pratiquée
serait même un péril de plus, parce qu'on s'efforcerait de
l'éluder. A mesure au contraire que la notion du droit
s'épure et se fortifie, à mesure que l'égalité entre tous
triomphe dans la législation et que les arrangements
sociaux se multiplient pour ne pas faire perdre aux
citoyens le bénéfice de bonnes lois dans l'application qui en
est faite, à mesure enfin que la condition juridique et judiciaire des particuliers est mise davantage à l'abri des griefs
possibles et ne court plus que les mauvaises chances insé-
parables de toute intervention humaine, même la mieux
intentionnée, à mesure donc, en un mot, que le droit
commun et le droit public se transforment et tendent à
faire de la République, *rec publica,* non plus seulement
une étiquette ou une aspiration mais une réalité, la conscience d'avoir tout fait pour conjurer une injustice refoule
à l'arrière plan et supprime même le souci d'une garantie à
offrir à des maux jugés dès lors nécessaires ou plutôt
inévitables.

La proclamation du principe de la responsabilité de l'État
serait donc plutôt à nos yeux, là où on la relève, l'indice
d'un état inférieur de la civilisation qui, à un degré plus
élevé, s'accomode très bien de l'absence de ce principe, à
condition, comme c'est d'ailleurs le plus souvent le cas,
que tout y tende à substituer à la responsabilité pécuniaire
et aussi fuyante que controversable de l'État, les satisfac-
tions immuables que valent aux populations de bonnes lois,

une bonne procédure et un bon personnel judiciaire.

Des iniquités révoltantes et quelques actes de contrition forment un accouplement, dans lequel on doit voir comme une loi historique en notre matière, et il n'y a pas à être autrement surpris de la décision prise par la Convention de dédommager les victimes des erreurs judiciaires, décision à la suite de laquelle 9 accusés, acquittés par le Tribunal criminel révolutionnaire le 9 fructidor an II (26 août 1793) obtiennent 9 indemnités, et d'autres indemnités sont accordées à 1 accusé, acquitté le 15 fructidor, à 6 accusés, acquittés le 18 fructidor, à 2 accusés, acquittés le 29 fructidor, etc. Sollicitude touchante assurément, mais qui serait plus touchante encore, si à côté de quelques victimes d'une erreur réparable, l'on n'apercevait tant d'autres victimes irrévocablement sacrifiées de la passion, opérant sous le masque de la justice.

La concentration des divers pouvoirs entre les mêmes mains investies dès lors d'un pouvoir absolu appelle volontiers à son aide, comme soupapes de sûreté, des tempéraments destinés à masquer une compression à outrance, et à la faveur de ces concessions volontaires, on peut même voir de véritables autocrates bénéficier du nom de pères dans les milieux les plus arriérés du peuple. Que d'ailleurs des responsabilités accompagnent des empiétements et des usurpations, cela est juridique tout autant que cela peut être politique de la part des usurpateurs! Mais les choses changent de face, quand la séparation des pouvoirs commence à pénétrer dans les institutions d'un pays. L'isolement des pouvoirs peut seul assurer le fonctionnement sincère de chacun d'eux, peut seul leur permettre de poursuivre consciencieusement le but qui leur est respectivement assigné. Ce qui fait au contraire le péril des citoyens, en cas de confusion des pouvoirs, c'est que ces pouvoirs étant soudés les uns aux autres et s'étayant les uns les autres, il est fort à craindre qu'ils soient exercés, non plus pour eux-mêmes et conformément à leur destination propre, mais au service de visées exclusivement personnelles. A supposer par exemple que la même autorité détienne simultanément le droit de faire la loi et de rendre des jugements, comment pourrait-elle échapper à la suspicion, trop souvent fondée, de faire la loi et de l'interpréter suivant les seules inspirations de son intérêt qui serait délivré de tout frein ?

Il importe donc que chacun des grands pouvoirs se meuve dans son orbite propre, sous la garde vigilante des autres, accomplissant également leur évolution, indépendante tant qu'elle sera irréprochable, et cela étant pour le pouvoir judiciaire notamment, le peuple trouvera dans la constitution autonome de ce dernier corps une garantie plus précieuse que toutes celles qu'il pourrait convoiter.

Mais l'indépendance de la magistrature vis-à-vis des autres pouvoirs est un dogme, que la science politique appliquée réalise tant bien que mal et dont la réalisation n'est pas partout ni toujours uniforme. La souveraineté résidant dans la nation et le suffrage populaire étant la source d'où dérivent tous les pouvoirs, le pouvoir judiciaire, comme d'ailleurs le pouvoir exécutif ou le pouvoir législatif, peut avoir directement ou indirectement ce suffrage populaire pour point de départ. En admettant même que les magistrats soient nommés par le pouvoir exécutif, leur origine et leur œuvre ne sont pas nécessairement viciées, du moment que leur délégant est lui-même un délégué du peuple, choisi par celui-ci avec mission de désigner les fonctionnaires de l'ordre judiciaire, et du moment que l'avancement de ces magistrats n'est pas entre les mains du pouvoir exécutif, relevant d'eux lui-même par hypothèse à certains égards, comme dans les procès politiques. En tout cas, si les juges à tous les degrés devaient tenir leur brevet du collége électoral lui-même se réunissant pour les élire, il est certain tout au moins, sans que nous voulussions ici nous faire l'apologiste ou le detracteur de ce système, que la possibilité pour les justiciables de se plaindre des sentences rendues, serait réduite à son minimum, les justiciables étant en même temps en principe les électeurs, et les juges pouvant passer en quelque sorte pour des arbitres investis du mandat de juger, par les parties elles-mêmes.

Au surplus, l'indépendance des magistrats vis-à-vis des autres pouvoirs, imaginée uniquement dans l'intérêt des justiciables, ne doit pouvoir se retourner contre eux. Indépendants et pour cela proclamés peut-être, de par les lois ou la Constitution, inamovibles ou même non susceptibles d'avancement, il ne faut pas que le domaine judiciaire leur apparaisse comme une terre conquise et les justiciables comme une proie livrée à leur bon plaisir. Il appartiendrait tout d'abord à une législation avisée de restreindre les choix du suffrage universel ou de ses délégués à des personnes d'une science et d'une expérience indiscutables, comme aussi d'une probité et d'une délicatesse, impliquées par un passé sans tache. Après quoi, les précautions et les garanties devraient être multipliées à l'encontre des fautes dont les magistrats se rendraient eux-mêmes coupables dans l'exercice de leurs fonctions. Car si le droit public moderne entend les soustraire aux influences corruptrices du contact intime avec les autres pouvoirs, ce n'est pas pour les abandonner aux suggestions mauvaises qu'ils pourraient trouver en eux-mêmes, les affranchir de tout contrôle, leur accorder une inviolabilité et irresponsabilité absolues, comme on fait pour les princes ou les insensés. Le législateur français l'a bien compris, lui qui au Code de procédure a consacré à la prise à partie des juges un titre tout entier, dont l'article 1er précise les conditions de responsabilité en ces termes :

« Les juges peuvent être pris à partie dans les cas suivants :

1° S'il y a dol, fraude ou concussion qu'on prétendrait

avoir été commis soit dans le cours de l'instruction, soit lors des jugements;

2° Si la prise à partie est expressément prononcée par la loi ;

3° Si la loi déclare les juges responsables à peine de dommages et intérêts ;

4° S'il y a déni de justice. »

D'ailleurs la pensée du législateur ne doit pas rester en route sous peine de besogne à peu près stérile, dans des pays au moins comme le nôtre, où l'*honneur* du magistrat lui inspire en général un zèle louable dans l'accomplissement de ses fonctions et où le sentiment de la mission si importante qu'il remplit le préserve le plus souvent des tentations vulgaires de l'argent comme des tentations plus redoutables encore, parce qu'elles sont moins conscientes, de la haine ou de la sympathie.

Ce à quoi le législateur doit donc encore songer, après nous avoir assuré des juges indépendants en droit et en fait, instruits, laborieux, intègres, c'est à s'attaquer à ce facteur de l'erreur qui malheureusement n'est jamais complètement éliminable, afin de lui disputer au moins le plus de victimes possibles, et de renfermer dans les limites les plus étroites ses effets calamiteux. Un champ très vaste s'ouvre encore ici à ses méditations ; à lui par exemple, de voir ce qu'il doit penser de l'omnipotence du juge d'instruction, premier auteur d'erreurs préjudiciables possibles, dans quelle mesure il doit admettre la liberté provisoire et le cautionnement et les recours contre les décisions rendues à cet égard par les juges d'instruction, quels seront les témoignages admissibles, sous quelle forme ils devront se produire, quelles seront les peines à infliger aux faux témoins ainsi qu'aux dénonciateurs calomnieux, comment la procédure criminelle devra être organisée pour faciliter davantage et le plus promptement la manifestation de la vérité sans préjudice de l'intérêt public, et si notamment

cette procédure sera secrète ou contradictoire ou à partir
de quel moment elle deviendra contradictoire, dans
quelles conditions les jugements ou arrêts seront rendus
par les juridictions répressives, à quelles majorités, etc., etc.

Mais quand les magistrats, dont il ne faut jamais perdre
de vue la mission préservatrice ne peuvent être convaincus
ni de prévarication, ni de passion, ni de négligence et
n'ont versé que dans des erreurs, dont les témoignages
entendus, les dénonciations faites et les circonstances sont
plus responsables qu'eux-mêmes, quand d'ailleurs les lois
se sont ingéniées à refouler les erreurs le plus loin possible
et quand, par dessus tout, les lois sont l'expression de la
volonté de tous, à telles enseignes que les citoyens puissent
dire à bon droit : l'État c'est nous, une action en responsabilité dirigée contre l'État pour des erreurs échappées à
la faillibilité des juges constitue un non sens, une anomalie,
et le législateur ne pourrait l'accorder aux justiciables qne
comme une arme destinée à blesser ceux qui voudraient
s'en servir.

Orléans. — Imp Paul Colas

Autres Publications de M. Worms.

Exposé élémentaire de l'Économie politique à l'usage des écoles (ouvrage adopté par le Ministère de l'Instruction publique et par la ville de Paris.)

Rudiments de l'Économie politique à l'usage de l'enseignement secondaire (conformément aux programmes officiels).

Nouveau catéchisme d'économie politique (à destination des écoles primaires.)

Histoire commerciale de la Ligue hanséatique (ouvrage couronné par l'Institut).

L'Allemagne économique ou histoire du Zollverein allemand.

Théorie et pratique de la circulation monétaire et fiduciaire (ouvrage récompensé par l'Institut).

Sociétés humaines et privées.

De l'enseignement politique et administratif.

Sociétés par actions et Opérations de Bourse (ouvrage couronné par l'Institut).

Rapports du Droit pénal avec l'Économie politique.

L'Économie politique devant les Congrès de la Paix.

Conférence sur le mariage à l'asile de Vincennes.

Des loyers pendant la guerre.

Leçon d'ouverture d'un cours d'Économie politique.

Du Droit au regard de l'Économie politique.

Rapports de missions à Florence, La Haye, Saint-Pétersbourg, Buda-Pesth.

ORLÉANS. — IMP. PAUL COLAS.

www.ingramcontent.com/pod-product-compliance
Ingram Content Group UK Ltd.
Pitfield, Milton Keynes, MK11 3LW, UK
UKHW021632130726
13696UKWH00005B/2145